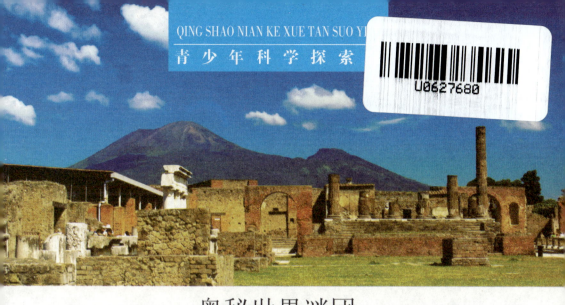

QING SHAO NIAN KE XUE TAN SUO YI

青少年科学探索

U0627680

奥秘世界谜团

李 勇 编著 丛书主编 郭艳红

古城：埋藏的传奇王国

汕头大学出版社

图书在版编目（CIP）数据

古城：埋藏的传奇王国 / 李勇编著. -- 汕头：汕头大学出版社，2015.3（2020.1重印）

（青少年科学探索营 / 郭艳红主编）

ISBN 978-7-5658-1648-2

Ⅰ．①古… Ⅱ．①李… Ⅲ．①古城—世界—青少年读物 Ⅳ．①K915-49

中国版本图书馆CIP数据核字(2015)第026335号

古城：埋藏的传奇王国　GUCHENG：MAICANG DE CHUANQI WANGGUO

编　　著：李　勇
丛书主编：郭艳红
责任编辑：汪艳蕾
封面设计：大华文苑
责任技编：黄东生
出版发行：汕头大学出版社
　　　　　广东省汕头市大学路243号汕头大学校园内　邮政编码：515063
电　　话：0754-82904613
印　　刷：三河市燕春印务有限公司
开　　本：700mm×1000mm　1/16
印　　张：7
字　　数：50千字
版　　次：2015年3月第1版
印　　次：2020年1月第2次印刷
定　　价：29.80元
ISBN 978-7-5658-1648-2

前　言

　　科学探索是认识世界的天梯，具有巨大的前进力量。随着科学的萌芽，迎来了人类文明的曙光。随着科学技术的发展，推动了人类社会的进步。随着知识的积累，人类利用自然、改造自然的的能力越来越强，科学越来越广泛而深入地渗透到人们的工作、生产、生活和思维等方面，科学技术成为人类文明程度的主要标志，科学的光芒照耀着我们前进的方向。

　　因此，我们只有通过科学探索，在未知的及已知的领域重新发现，才能创造崭新的天地，才能不断推进人类文明向前发展，才能从必然王国走向自由王国。

　　但是，我们生存世界的奥秘，几乎是无穷无尽，从太空到地球，从宇宙到海洋，真是无奇不有，怪事迭起，奥妙无穷，神秘莫测，许许多多的难解之谜简直不可思议，使我们对自己的生命现象和生存环境捉摸不透。破解这些谜团，有助于我们人类社会向更高层次不断迈进。

　　其实，宇宙世界的丰富多彩与无限魅力就在于那许许多多的难解之谜，使我们不得不密切关注和发出疑问。我们总是不断地去认识它、探索它。虽然今天科学技术的发展日新月异，达到了很高程度，但对于那些奥秘还是难以圆满解答。尽管经过古今中外许许多多科学先驱不断奋斗，一个个奥秘被不断解开，推进了科学技术大发展，但随之又发现了许多新的奥秘，又不得不向新问题发起挑战。

宇宙世界是无限的，科学探索也是无限的，我们只有不断拓展更加广阔的生存空间，破解更多的奥秘现象，才能使之造福于我们人类，我们人类社会才能不断获得发展。

为了普及科学知识，激励广大青少年认识和探索宇宙世界的无穷奥妙，根据中外最新研究成果，编辑了这套《青少年科学探索营》，主要包括基础科学、奥秘世界、未解之谜、神奇探索、科学发现等内容，具有很强系统性、科学性、可读性和新奇性。

本套作品知识全面、内容精炼、图文并茂，形象生动，能够培养我们的科学兴趣和爱好，达到普及科学知识的目的，具有很强的可读性、启发性和知识性，是我们广大青少年读者了解科技、增长知识、开阔视野、提高素质、激发探索和启迪智慧的良好科普读物。

目　录

丝绸之路上的古城

丝绸之路上的神秘古城

提起"西域"，人们最先想到的可能就是著名的"丝绸之路"。这条古老而神秘的丝绸之路，在历史上为我国与世界的贸易作出了不可磨灭的贡献。丝绸之路上孕育了无数的古国、城堡，有的已经闻名世界，而有的却还默默无闻地在戈壁荒漠中沉睡着。

喀什，是古代丝绸之路北路和南路的交汇点，也是丝绸之路在我国境内的最后一站。从这里向西经过帕米尔高原就能到达欧洲和印度。而沿着喀什噶尔河向东不远，则是丝绸之路上另一个重要的驿站。

　　新疆伽师县是距离喀什仅70余千米的一座小县城，并没有什么特异之处。然而在县城东南大约30千米之外的戈壁荒滩，却有一处废弃了的遗迹——"阿克坡台古城"，面积大约有10000平方米，比现在的伽师县城大了不知多少倍，被当地人称为"死亡之城"。

　　据说，进去的人很少有能够活着走出来的，刚刚踏过的足印，一阵风过后就被掩埋了，人会因为迷失方向而陷在沙漠中，直至死去。在夜晚，这里还会发出令人毛骨悚然的怪声，这是迷失在古城中冤死游魂的哭声。虽然只是传说，却更加重了这里的神秘色彩。

因为平时很少有人接近这里，所以在地图上没有标记，随着岁月的流逝，风沙的侵蚀，如今这里只剩下了一堆堆的夯土台基。

甜瓜、歌舞、水渠、彩绘等看似平常的风俗却在当地流传了1000多年。据当地的老人们说，这些风俗正是起源于那个并不遥远的"死亡之城"，即阿克坡台古城。那么，阿克坡台古城究竟给伽师留下了怎样的文明？在黄沙之下埋藏着的又是什么样的秘密呢？

古书里的西域三十六国

公元前139年，汉使张骞出使西域，使中原地区开始对西域有所了解。至公元前101年，汉朝政府开始在西域屯田、驻军，对西域进行管辖。

据《汉书·域传》记载："西域以孝武时始通，本三十六国，其后稍分至五十余……"。这里所指的国，实际上并不是什么国家，而是人类聚居的部落而已。然而，史书中记载的"三十六国"究竟在哪里呢？

所谓的西域三十六国，其实只是一个概数，并不是真有36个国家。这些部落沿着天山南麓的塔里木河以及和田河分布开来，搭建起了闻名世界的"丝绸之路"，使我国和中亚以及欧洲进行贸易往来。

近几年，在伽师县境内不断有古城遗址神秘浮现，当地文物部门相继发现了卡玛洞遗址、阿帕克霍加农场遗址、哈里胡其农场烽火台、哈里胡其农场佛塔、阿勒吐居墩遗址、龙口桥址、亚米其买里斯冶炼遗址、塔尔夏礼拜寺、希侬提里热木麻扎等古城和古文物遗址，这些无不证明了伽师这个地方古时的繁荣与昌盛，也更证明了这里文化、经济、外贸、农业、手工业等方面在古时便已繁荣富强的历史背景。

在距今已有1000年历史的"卡拉敦古城"遗址中，安西四镇

之一的疏勒国古城建筑风韵犹存，古城城墙、护城河清晰可见，陶器冶炼物也随处可见。而克孜勒苏乡"莫尔通古城"遗址的面积竟达到370多平方千米，距今已有2000年的历史，长约20000多米，宽15000米的建筑，明显呈现出西汉时期西域古国的风格。

　　古城分内城和外城，外城有炮台和河道，而内城和6座极其壮观的佛塔虽已变成几堆高高的夯土建筑，但却向人们吹来这片大漠远古虔诚的信仰之风。再看那一个个古代居民点的遗迹，随处散布的陶片以及西汉五铢钱，呈现的是伽师在西汉时期便已繁荣的贸易，而那些古陶则展现着当年伽师先进而精湛的制陶工艺。

　　在历史上，喀什地区一直属于古疏勒国。据《新唐书·理志》记载："疏勒镇南、北、西三面皆有山，城在水中。城东又有汉城，亦在滩上。赤河来自疏勒西葛罗岭，至城西分流，合于城东北。"

疏勒镇就是史书上所说的"伽师城",赤河就是今天的喀什噶尔河。根据书中的描述,唐代疏勒国的都城很可能就在今喀什市东28000米处的汗诺依古城遗址上。

阿克坡台古城的美丽传说

汗诺依古城遗址南面不远处的戈壁荒滩上,阿克坡台古城巍然屹立,而且面积也和汗诺依古城相当,难道古代的疏勒国竟然拥有一个和王都同样大小的城市吗?

当地一位维吾尔族老人说:"在离伽师县城东南30000米处有一个古城,它位于古丝绸之路上。在伽师县成立以前,还有人在那里居住,而且特别繁荣,后来因为沙漠的侵蚀以及水源的干涸,它逐渐被沙漠掩埋了,关于这个古城更多的历史我也不知道了。"

关于阿克坡台古城的历史,在史书中没有明确的记载,而关于古城的传说,却在当地维吾尔族人中流传了1000多年。

传说疏勒国的王子看上了一位美丽的姑娘,打算娶她作为自

己的王妃，然而却遭到父亲疏勒国王的反对。于是，为了追求自由和爱情，这位王子毅然离开了自己的国家，放弃了王位的继承权。王子在离王都不远的地方找到了自己心爱的姑娘，并和她结成了夫妻，在他们相遇的地方住了下来。由于王子的威望很高，百姓们纷纷投靠到王子这边，逐渐建立起一个很大的城堡。

国王派兵前来攻打，却被百姓自发组织的军队打败了，然而王子却依然让自己的父亲继续为王。国王被感动了，于是把王子建立的城堡正式封给他，父子两人共同管理国家。

当然，传说是美丽的，但并不能代表历史。当我们站在古城荒废的台基上，再一次俯瞰阿克坡台古城时，许多疑问仍然未解：这座古城究竟始建于什么年代？它又是因为什么原因被废弃的呢？在古城中究竟发生过怎样的故事呢？

一条丝绸之路孕育了无数的古国文化与城堡故事，古城记忆不仅有着伽师血脉，更浓溢着伽师悠久丰厚的民间、民俗、人文

和地理等的文化，如同一捧黄沙、一串驼铃、一页佛经、一行经文，更犹如一根饱蘸了墨正在羊皮卷上留下痕迹的羽毛，每一点、每一滴都在让伽师这座"古城包围之城"集古老、古韵、古色、古香于一身，令散发着浓郁古朴气息的伽师魅力无限。

延 伸 阅 读

巍山古城地处云南省西部哀牢山麓，红河源头的巍山，是一座具有浓郁地方历史文化特色的城市，同时也是南诏国的发祥地。古城始建于元代，在明代改为砖城。巍山还是云南在古时候推行土司制度时间最长的地区之一，其悠久的历史孕育了众多寺观庙宇，与多姿的自然景观相得益彰。

圆沙古城的消失之谜

圆沙古城的建筑

圆沙古城又名尤木拉克库木古城，地处新疆维吾尔自治区塔克拉玛干沙漠腹地，几乎全被沙丘覆盖。外侧有护墙坡，南墙中部和东墙北部各有一门，其门道、门柱、门板遗迹尚存。城内有暴露于地表的建筑遗迹6处，出土陶、石、金属、料器等。该城始建于汉代，社会经济以饲养业、畜牧业为主。

古城是一个不规则的四边形，形状像一只大桃子。古城周长

约990多米，城墙残高一般为3米至4米，最高处达11米。在南城墙和东城墙处，可见城门及门道遗迹，城内有建筑遗迹。

城墙以两排竖直的胡杨木，夹以层层的红柳枝作为墙体骨架，墙外用胡杨枝、芦苇、淤泥和畜粪堆积成护坡。墙的拐角处有一些直角的土坯。法国考古专家经仔细考察后认为，这不是经过人工和泥模拓制的土坯，而是将河道中的淤泥切割成块，直接砌到墙上去的。这是在过去的考古发掘中从未发现过的。

圆沙古城人的生活

法国动物考古专家塞芭斯丁发现，城中散布着数量很多的动物骨骸，其中羊、骆驼的骨骸最多，其次为马、牛、驴、狗，还有少量的猪、兔、鱼、鸟的骨骸等。她认为，畜牧、渔、狩猎在

圆沙人的经济生活中占有重要地位。

专家们通过对羊头骨的年龄分析发现，这些羊多为一至两年的年轻个体。"在圆沙古城附近的一处畜圈里，粪堆的高度达0.5米，城内也有很厚的羊骨和粪便堆积，而且这里发现的织物多以畜毛和皮为主，足以说明这里畜牧业的发达。"塞芭斯丁说。

中法考古专家同时在圆沙古城周围发现了纵横交错，排列有序，呈网状分布的渠道，"渠道是灌溉系统遗址，这些渠道大多从南北向，主要集中在城西，这标明这里有着发达的灌溉农业。牛是主要的耕作工具，已经发现的农作物有麦和粟等，在城内还有数量众多，大大小小的马鞍形石磨盘以及用于储存粮食的窖仓。"法国考古学者亨利·保尔·法兰克福说。

专家经过考证后认定，这些古渠道是新疆最早的古渠道遗存之一。居住区主要集中在圆沙古城偏北位置。伊弟利斯说："几乎所有的生产生活用品都来自胡杨树，筑城墙、做城门、造房子、墓葬，生活用品更是如此，木桶、木碗、木梳，取暖做饭也是如此，尽管现在这里已经看不到一棵活着的胡杨树。"

在圆沙古城也发现了陶器。圆沙古城西北的陶片以夹砂红陶为主，主要为印刻纹，此外这里发现了半月形石镰等新石器时代的遗物；而圆沙古城东北部则以灰褐陶为主，在时期上晚于西北部的陶器。

由于当地维吾尔族人称这个地方为"尤木拉克库木"，意为"圆沙"。考古队据此将这座新发现的古城叫做"圆沙古城"。

圆沙古城的神秘消失

2001年10月至11月间对圆沙古城进行野外调查的工作中，考古队员发现，现在的圆沙古城及其周围地区，除了枯死的胡杨树外，古城周围已经没有存活的植被和外露的水源了。

那么，这座古城是如何消失在流沙之中，再也看不到炊烟升起，再也听不到人声喧嚣的？是战争洗劫了这座城池吗？尽管考古学家们在城中发掘到了一些铜镞，但却没有找到更多的与战争有关的杀伐痕迹。

唐代高僧玄奘在《大唐西域记》中，讲述过一个失踪在沙漠之中的曷劳落迦城的故事。

该城的居民由于不敬神招致神怒，神降下七天七夜的风暴毁灭了这座城，从此无论谁企图接近这里，都会"猛风暴发，烟云四合，道路迷失"。

不管圆沙古城是不是传说中的曷劳落迦城，考古学家们推测，圆沙古城的消失可能与风暴有关。圆沙古城坐落在一条古河道的东岸，它的西城墙被水冲垮了多处，许多地方水渍严重，说明当年这里的水很大。如果没有充足的水源，圆沙古城也就不会有灌溉农业，宽达一米的古渠遗存已经证明这里的农业曾经有相当大的规模。

根据卫星照片显示，这里曾是克里雅河的一个古老三角洲。克里雅河发源于昆仑

山中段，从南向北流入塔克拉玛干沙漠。这条河流在出昆仑山的山口处滋润了现在的于田县绿洲，在沙漠深入200千米处消失在茫茫沙漠中。克里雅河在古代就像现在的和田河一样，从南到北贯穿沙漠，汇入沙漠北缘的塔里木河。

据说，克里雅河最后一次注入塔里木河大约在1000年前，其三角洲和老河道完全沙化，经历了漫长的历史演变。也就是说，圆沙人生活的那个时代正处在克里雅河三角洲和河道的沙化时期。

圆沙古城的沙化是一个渐进的过程。城中1.2米的土层中最底下是淤泥芦苇，然后渐渐有了细沙，越往上沙化越严重。克里雅河现在消失的地方距北边的塔里木河已有200多千米，其间是一望无垠的黄沙。河流在一步步向后退缩，人类也在渐渐从沙漠腹地向外迁移。

环境的恶化从植物身上也获得了充分的说明。胡杨树是生命力极强的树种，被人形容为"生千年不死，死千年不倒，倒千年不朽"。然而在圆沙古城几千米的范围内，考古学家们没找到一棵胡杨树。

考古队员还在圆沙古城及附近古代民居和古墓地挖掘出一些鼠类、鱼类、鸟和家畜的尸骨，经鉴定至少有两种鼠类和八九种家畜。

根据《大唐西域记·鼠壤坟传说》"鼠大如猬，而诸马鞍、人服、弓弦、凡厥带系，鼠皆啮断。鼠助军威，大灭匈奴。"法国动物考古学家赛芭斯丁推测："鼠类，包括鼠疫，有可能是沙漠古城存亡的关键因素之一。"

专家们10多年来不懈的研究，使圆沙古城的许多谜团开始渐渐地解开。但令中法两国考古专家感到困惑的是，塔克拉玛干大沙漠中发现的楼兰、尼雅、丹丹乌里克等著名遗址都在我国典籍中有记载，探险家们很大程度上就是靠典籍的指引找到它们的。但处于沙漠中心的圆沙古城，却在任何史书上都没有出现过。这是圆沙古城留给人们最大的悬疑。

由于条件所限，中法两国联合考古队没能顺着克里雅河老河床继续向西北考察。考古人员推测，在克里雅河西北尾闾，还应该有早于青铜时代的石器时代的文化遗存。这个推测还需要今后的工作去证实。

延 伸 阅 读

云南省大理古城位于风光绮丽的苍山之麓，始建于明代洪武十五年，是我国24个历史文化名城之一。至今已有600多年的历史。它面临洱海，背靠苍山，至今仍保持着纵横交错、棋盘格局式的街道和雄伟壮观的南北城楼，城楼上"文献名邦"4个大字格外引人注目。

南陵的地下古城

古城附近的文化遗址

当载着卫星遥感仪器的专机在1996年盘旋过安徽省南陵城关东郊之后，一个惊人的发现在实验室出现并迅速由新闻媒体披露于世："南陵县牯牛山下发现西周至春秋时吴国的一座古城邑。这是江南地区及华东地区迄今为止发现的最大的一座古城邑。"消息传开，牯牛山立刻成为世人关注的地方。

20世纪80年代初，在安徽省文物大普查前后，村民们就向县文物所交来大批古文物，说是在牯牛山锄地耕作时发现的。经过鉴定竟是夹砂红陶鼎、鬲、足、原始青瓷豆、罐残片、各种纹饰陶片以及孔石斧和铜凿，经考证全是春秋前后的遗物。

1984年安徽省文物大普查开始了。距离牯牛山不到20千米处的大工山古矿冶遗址首先被发掘。这是一座面积达400平方千米、年代自西周迄于北宋、绵延2000余年的古铜矿采冶处，也是我国丹阳铜文化的主要发源地，1996年11月被国务院批准为第四批全国重点文物保护单位。

接着，距离牯牛山不到1千米处的千峰山土墩墓群遗址也被发掘。经考证，它们是西周至春秋时期吴国先民们的墓葬地，数目以万计量。

土墩坟的年代一般在西周至春秋时期，到战国中晚期渐渐消失。其原因就在于公元前473年吴国被越国所灭，173年后也就是公元前306年越国又为楚国所灭。至此，广袤的江浙皖赣闽地区逐渐与楚汉文化相融合。这种中国南方吴越民族独特的坟葬文化也淡出了历史舞台。正因为如此，这种土墩墓群仅在我国的苏皖南部和浙北，赣北地区被发现。安徽境内以南陵、繁昌为主。

繁昌县东南靠近南陵县家发村的平埔、新林一带，沿漳河东岸有一大片海拔100米以下的低矮丘陵，上面有数以万计的土墩坟。它们大小不等，如同众多的牛群在悠闲地觅食。因此，当地村民世代称之为"万牛墩"。它就是与南陵千峰山齐名的万牛墩土墩墓群，同在2001年6月被国务院批准为第五批全国重点文物保护单位。

除此以外，南陵县工山镇的乔冲、戴汇，许镇的殿山、长山，三山镇的孔村、澄桥、西峰、吕山，峨岭镇的牛边山，籍山镇的五里沈亭、吴家大山等都有着大片的土墩墓群。在这方面，南陵县以分布最广、数量最多而著称于世。

两个国家级文化遗址被发掘出来了。通过比照发掘出的大量生活器具，人们不难发现，它们在时间上为同一时期，在区域上为同一地属，在器物特征上，无论造型还是纹饰、质地都完全一致。

发现同时代的古城

于是，一个巨大的问号涌进了考古专家们的脑海中：一个有着近万名采矿工人的巨大的江木冲铜矿冶炼中心，它们的主人及妻子儿女居住在哪里？一个有着万座古坟的千峰山，它们的主人生前生活在何处？进入了文明时代的吴国先民一定会生活在一座规模宏大的古城内。那么古城在何方？难道是在千峰山南侧的泾县？

由千峰山古坟群往南是泾县的崇山峻岭，在交通极为闭塞的2500年前，大山会切断两地经济文化的交流。很显然古城遗址不会在千峰山的南侧。难道是在千峰山东侧的宣城？南陵东侧隔着滔滔的青弋江，渡江过去即是宣城。

但史书记载宣城古代不属吴国，何况2500年前，一江之隔便是难以逾越的屏障，看来古城也不会在宣城境内。往西是漳河，这是南陵和繁昌境内的小河，千峰山就是它的源头之地。并且，南陵和繁昌的所有土墩墓群都分布在漳河之畔。

由此，专家们一致推测：古城遗址极有可能在千峰山东侧的先进村一带。他们的推测正确吗？答案是肯定的，事实也正如他们的推断。当昔日石铺乡先进小学附近一些农民把一片片从牯牛山空地上采集到的碎陶器送到专家手中时，他们的眼里泛起了激动的泪花。

　　据鉴定，这些出土的陶片与千峰山土墩墓群和大工山江木冲古矿冶遗址发掘的陶器属于同一时代。于是，专家们来到牯牛山踏勘，寻觅到古护城河的遗迹。经过测量，这片平坦之地高于周围田地约两米左右，是平原中一块突兀耸起的高地。

　　如此大面积的遗址不可能全面发掘。于是一种新型的考古技术便走上了历史的前台。这种技术叫做卫星遥感考古，借助这一新型科学技术对牯牛山进行了全面的遥感航拍，一座地下古城尽现端倪。

　　古城由4个高台组成，四周分布着4条水道，显然是古城的护城河，西南有进水口，东北有出水口，形成规则的长方形，长约900米，宽约750米。最高最大的台地为主城部分，其余为辅助城。每个台地之间有水道隔开，索桥相连。水道与外围护城河相通，护城河宽约20米至50米，虽然历经数千年沧桑，部分护城河段淤塞，但是大部分护城河至今仍以河道或水塘的形式呈现在世人的眼前。

古城有主次之分，功能有别，设计合理，布局严谨，从而达到了既可防御又可进攻的目的。古城四周有人工堆建的夯土城墙，现仍有残垣保存。城内用土墙草顶筑造的千万间房屋分列两边向前延伸。街心大道用鹅卵石铺就。

吴国的先民们充分利用了本地水资源优势，"以水为路，以船为车，以桥相连"，使古城成为"水城"。整个古城面积约70万平方米，专家们估算，这座城邑当时至少居住生活着万余人。这在人口并不密集、人口数量并不多的古代，已是相当的繁华，其规模和布局在当时应当排进大城市的行列。

探讨古城产生的原因

城市是人类由野蛮走向文明后的产物，当生产力发展导致社会大分工发生、发展和商品交换频繁发生时，城市开始产生了。人们不禁要问牯牛山古城产生的原因何在？

考古学家认为它的建立与古铜矿冶炼有着必然的联系。西周和春秋时期，南陵的丹阳铜已是全国知名的产业，铜材贸易繁忙异常，这就是促使牯牛山古城产生的基本原因。

从遥感解译图上，我们可以看到古代漳河从古城的护城河穿过，经繁昌流入长江，而漳河的上游支流峨岭河从大工山古铜矿西周至春秋大型冶炼场江木冲遗址的西侧流过。

从发掘的大量冶炼、铸造的铜渣来看，古城内有铸铜作坊，曾对大工山古矿冶炼出的初制品进行过精炼加工，然后再制作出各种礼器和兵器。

因此，牯牛山古城显然是大工山古铜矿冶行政管理机构的所在地，是铜材加工的中心，也是我国南北地区铜材贸易的商业中心。

牯牛山古城地处平原与丘陵的过渡地带，是控制上下往来的咽喉之地，位置十分险要和优越。而古城内外河河相通，桥桥串联，台地之间，水道隔开，索桥相接，而护城河最宽者为50米，显然是个进可攻，退可守的军事要塞。

当年的楚国频繁

进攻吴国，曾占领过吴国的鸠兹邑和其他城堡，但却从未见任何史书上有过占领牯牛山古城的记载。牯牛山古城防御体系功能的先进，由此可见一斑。

因为铜材产业和贸易是吴国生存和发展的基础，铜材南北运输的水道路线是吴国的生命线，因此牯牛山古城的设计和布局，就不能不殚精竭虑，就不能不匠心独运。

那么，千峰山土墩墓群与牯牛山古城又有何种联系？答案非常简单。这个离古城不到1000米的全国重点文物保护单位显然是古城统治者和被统治者的最早坟葬的地方，而沿漳河东西两岸的繁昌、南陵诸多土墩墓群则是吴国先民后来拓展的坟葬地。

三大文化遗址既为同一时期，又在同一行政区域范围，这说明牯牛山古城、江木冲矿冶和千峰山土墩墓群是西周至春秋时期南陵人的管理区、采冶区和墓葬区。

延 伸 阅 读

平遥古城位于我国山西省的中部，始建于西周宣王时期，明代洪武三年扩建，距今已有2700多年的历史。迄今为止，它还较为完好地保留着明、清时期县城的基本风貌，堪称我国汉民族地区现存最为完整的古城。

常州淹城的神秘城主

淹城古城遗址的发现

淹城位于江苏省常州市南面，距市区约7千米，是我国目前西周到春秋时期保存下来的最古老、最完整的地面古城池。据说，这也是世界上仅有的三城三河形制的古城，迄今已有将近3000年的历史。

常州位于江苏省的南部，春秋时期被称作"延陵"，西汉初期

改"延陵"为"毗陵"。相传伯牙与子期《高山流水》的故事就发生在这里。而淹城，就位于常州市武进区湖塘镇的淹城自然村。

1935年5月，武进第七区长江上悟和文史教员陈松茂来到淹城。他们在土城墙的土层表面发现了大量的陶片，而陶片上还刻有花纹。还发现淹城竟然有3条护城河与3道土城墙，他们相信自己一定是发现了一座前所未见的古城。

1935年5月底，著名考古学家卫聚贤和陈志良等应邀来到淹城进行考古调查。他们先后3次对淹城进行考古研究，发掘了一批文

物。考古调查结束后，卫聚贤和陈志良将研究的成果写成了《淹城访古记》，在书中卫聚贤对淹城进行了较为细致的分析。

淹城古遗址，东西长近900米，南北宽不到800米，占地近1000平方米。淹城形制奇特，由子城、子城河；内城、内城河；外城、外城河组成，呈三城三河套状。子城呈方形，周长500米；内城近似方形，周长1500米；外城为椭圆形，周长2500米；另有外城廓，周长3500米。

淹城古城墙最高达20米，全由泥土堆筑而成。淹城的3道城墙

均呈梯形，3个城均有护城河，河宽30米至50米，水深平均4米左右，河水清澈，常年不涸。出入淹城时，只有一条水道相通，必须乘船才能入城，如同一座森严壁垒。3座城、3条护城河环环相套，宛若迷宫一般。

不仅如此，在淹城外城内还有3个较大的土墩，城外2000米范围内，散立着大小不等的200多座土墩。更为重要的是三城三河这种建筑形制，在我国乃至世界的建筑史上都是独一无二的。

淹城由一次性堆土筑成

1958年夏天，村民在清理淹城护城河内的水草时，发现了一条古代的独木舟。随后，在淹城内城河中又先后挖出了三轮盘、鼎、剑等一批青铜器、陶器文物。

有学者根据淹城古遗址的格局和发掘出的冷兵器认为，淹城很可能是一座军事城堡。经过对独木舟的碳-14测定，考古工作者最后认定这些文物应属于西周晚期到春秋早期，时间大约在公元前955年前后，距今2900年左右。

随后，在淹城内城河里先后又挖掘出两艘独木舟，其中最大的一条长达11米，宽近1米。独木舟由整段楠木挖空而成，内壁有焦炭和斧凿的痕迹，证明当时的独木舟是用火烤以后所造。

不过，淹城内城河出土的两艘独木舟并不是水上交通运载的工具，而是一种在沼泽和泥泞的地方使用的交通工具，全名叫独木泥橇。

独木泥橇出于内城河，肯定与开挖淹城内城河有关。1986年5月，江苏省淹城遗址考古发掘队开始对淹城遗址进行考古发掘。发掘结果显示，子城河的外城墙淤泥积层厚约4米，淤泥层中夹杂有大量的碎陶片。

城墙内土层堆积厚薄不均，层面不平。考古工作者推断，当

初在筑建城墙时并不是采用挖基槽和夯打的方法，而是利用挖河的土堆筑而成。从3座土城墙发现的文物和土质分析，整个淹城应该是一次性堆土筑成。

当淹城内城河挖至一定的深度时，就会出现软泥层，在无特制工具的情况下，要想将河底中间的软泥运送到城墙边是极其困难的。所以挖内城河的人就想到了用独木泥橇作为运载软泥的办法。方法是从平地起筑，一层一层向上堆建成3道梯形的城墙。如今，经历了数千年风吹雨打，淹城古城墙遗址高仅剩3米至5米，墙基宽30米至40米。

淹城城主身份至今未解

从20世纪80年代中期至90年代初，考古工作者对淹城进行了为时6年的考古发掘，出土了青铜器、原始青瓷器、陶器等数以千计的珍贵文物。出土的文物中并没有明确的铭文来记录淹城的历史，对考古工作者来说，淹城依旧显得扑朔迷离。

淹城的城主究竟是谁呢？这个问题目前考古界尚无定论。查阅东汉《越绝书·吴地传》、北宋《太平寰宇记》的记载得知，常武地区在春秋吴国时称延陵，春秋晚期为吴王梦寿四子季札的食邑。

季札因不满阖闾刺杀王僚篡位，立誓"终身不入吴"，遂在自己的封地延陵掘河筑城，用今天的话来说，就是建起了一个"独立王国"，名之"淹城"，以示淹留至死之意。也有人推测，这里曾经有一个淹国，淹城为都城，但此说缺乏足够根据。2005年，在淹城走访时突然发现淹城原住居民大多姓窦，并发现

了《淹城窦氏宗谱》。据窦义生老人介绍，《淹城窦氏宗谱》初修于明朝，后来在道光、光绪年间，直至20世纪初期又经过了3次续修。

现在的这部《淹城窦氏宗谱》，修纂于民国癸亥年，宗谱中记载了淹城窦氏的源流，最早的一支为隋朝燕山窦公的后裔；明清以来，窦氏就是淹城人数最多的一个家族。

当翻阅《淹城窦氏宗谱》时，忽然在宗谱卷一的"淹城记"中，有一则颇有价值的信息："吴越争霸，越子为质于吴，被拘于斯，不得还国。"文中的"越子"，指的是勾践和范蠡的通称。

这句话的意思是说，吴越争霸，越国败降，越王勾践俯首称臣，吴王夫差把勾践作为人质监禁在淹城。也就是说淹城是一座庞大的监狱，是关押越王勾践的地方。

专家认为，窦氏宗谱记载淹城关押范蠡和勾践，实际上根据现在的考证，有以下依据：

第一，淹城由3道罗城组成，还有水道，只有一条路是向外的，每条水路都有守卫把守。

第二，考古发掘证明，比如独木舟，还有吴国特制的纺锤等以及青铜器，都是吴国特制的东西，说明淹城是吴国的一个建筑。

第三，淹城不处在军事要塞，也不处在吴越交界的位置，在这样的地方会建立一座如此规模宏大的，带有水城特征的建筑，肯定是与关押犯人有关，因为在我国古代罗城就是监狱的一个代称。由此推断，淹城可能是一座守备森严的吴国监狱。

不过，史籍记载，吴王夫差对越王勾践所采用"教而赦之"的方法，就是让越王勾践替自己驾车养马。既然是驾车养马，那越王勾践被吴所囚禁的地方，必然是在吴国都城内，即现在的苏州城。

如果淹城古遗址不是囚禁越王的地方，那它又会是谁的领地？淹城众多的疑问，让考古工作者和历史学家仍在不断的探索，他们希望在淹城的考古领域能有更多新的发现。

延 伸 阅 读

关于淹城的来历和主人如今又有新说。有专家认为，淹城曾是商末周初奄国的国都，奄君就是当时山东曲阜之东的奄国君主。相传奄君是周成王时与商代后人武庚勾结发动叛乱的奄国君王，被周成王所灭后，带领残部从山东逃到江南，在这里凿河为堑，堆土为城，仍称"奄"。因为古代三点的"淹"字与没有三点水的"奄"字通用，遂有"淹城"之名。

地处高原的新忽热古城

规模宏大的土夯古城

内蒙古自治区新忽热古城位于乌拉特中旗新忽热苏木政府所在地北1000米之处，占地面积1000平方米，是阴山地区汉代长城附近的一座大型古城。漫长的历史赋予了它太多的秘密。

古城平面为正方形的部分正南北方向矗立，东西长950米，南北宽950米，城墙裸露在地面的部分高低残缺不一，由土夯而成，

褐黏土夯层次清晰可辨，最高处有8米。目前城墙各处有部分损坏。据介绍，初期城墙基本完整，上面可并行4辆牛车。古城的南墙与东墙各设有宽12米的城门，西墙、北墙没有门。在东、南门外设有大型的瓮城。古城四角均有高大的角楼，四墙均有马面。

通过对城内采集到的汉代陶片、唐代钱币和西夏陶器残片等文物进行分析，古城应当始建于西汉时期，历经北朝、唐、宋、西夏等历史阶段，目前已经有2000多年的历史。

也有学者认为，新忽热古城曾是成吉思汗家族的姻亲之部——汪古部的重要城镇，是内地到漠北的驿道之一，古城最兴盛的时候是元代，到明代逐渐衰落。这座古城曾是阿拉坦汗仅次于板升，即现在呼和浩特城的军事、经济、贸易重地。

据有关专家分析，由于这座土城地处高原，属中温带干旱气候区，气候干燥，降雨量少，地质结构稳定，地层坚硬，所以很有利于古城的保存。加之地处偏僻，经历战乱较少，所以古城有幸得以留存。

神秘的西汉受降城

新忽热古城在近代被当地居民称为城库联，意为四面有墙的城。在上世纪初，新忽热古城有一个神奇的传说：每天早晨，人们可以听到这座2000多年历史的寂静古城内竟然有公鸡打鸣的声音，还有人曾经看到城里金光闪闪。但是每次走到里面却什么也找不到。

到了日伪统治时期，日本侵略者来到这里把宝贝挖走之后再

也没有鸡叫声和金光出现。传说中的怪现象无从考证，但是当年日本侵略者盗掘新忽热古城确有其事。在新忽热西南10000米的公乌素村，就有一位姓卜的农民曾被日本人强迫参加开挖新忽热城壕，当挖到一定深度时，日本人便围起白布棚，不准民夫靠近，只能由日本人在内，最后用汽车拉运走不少文物。近些年来，考古工作者还在这座古城中寻找到汉代陶片、唐代钱币、西夏陶器残片等文物。这说明古城在汉、唐、宋、西夏等历史阶段都有人居住。据有关专家考查，新忽热古城地处古代向北进军的交通要道上，是西汉和匈奴之间的交通枢纽，也是战略要塞。因此古城极有可能就是史上著名的汉受降城。

据《史记·匈奴列传》和《前汉书·帝纪》记载，汉武帝太初元年，即公元前104年遣因榆将军公孙敖筑此城。当时强大的匈族统治着北方的大片地区。公元前105年，匈奴乌维单于逝世，他的儿子继位，号儿单于。第二年，即公元前104年，匈奴

的领地因为遭受大范围的雨雪灾害，造成大批牲畜的死亡。

但是年少的儿单于统治无方，继续发动战争耗费大批钱粮，引起了国内动荡。当时匈奴统治集团中的一个中级军官左大都尉打算杀掉儿单于带兵投降西汉。西汉同意他受降，但是因为距离汉朝疆域比较远，需要汉朝派军队中途接应。

当年的夏初，汉武帝派遣因榆将军公孙敖筑了塞外受降城，并屯驻骑兵以接应。然而，就在公元前103年春天，兵变发生之前，这位左大都尉由于反常举动，惨遭杀害，一个运作了两年多的兵变计划就此泡汤。但是，原本为半途接受匈奴降兵而修筑的城池却保留了下来也因为它最初的使命而得名"受降城"。后来，驻扎在受降城的汉军奉命撤回，这里成为一座空城。据《前汉书·匈奴传》记载，公元前85年，匈奴因为惧怕汉兵突袭，就派9000骑兵驻扎在受降城，作为自己统治政权的前哨防范突袭的汉兵。这座原本用来接受匈奴降兵的城堡成为匈奴统治集团坚固的前方堡垒。据史料记载：公元448年冬，北魏太武帝拓跋焘北伐柔然，到过受降城，并且在此存粮屯兵。这说明受降城在北魏时还是坚固的堡垒并且被利用。从目前采集的文物分析，在随后的历朝历代中，这座城堡都有人把守或者居住。

《清一统志》和《蒙古鉴》都对当时的汉受降城的位置进行了描绘。有学者根据这些史料的记载认定，在乌拉特中旗的新忽热古城就是已经有2000多年历史的汉受降城。《中国历史地图集》第二册中也将这座古城标为汉受降城。

为了对新忽热古城的时代、特征、价值做进一步了解，巴彦淖尔市与乌拉特中旗政府，通过市、旗两级文化部门，向内蒙古自治区文物局发出邀请，希望派专家进行现场考察，得出科学考古结论，以便进一步对这座古城进行保护。

2007年11月10至11日，内蒙古文物局组织了一批著名考古专

家，对这座规模宏伟的古城进行了考察与论证。通过对城内采集到的汉代陶片、唐代钱币、西夏陶器残片等物分析，这座古城的确始建于西汉时期，历经北朝、唐、宋、西夏等历史阶段。现存地面上的古城，其主体应为唐至西夏时期所构筑，是一座具有军事防御性质的边关重镇。但是，考古专家目前还没有在古城内发现与汉代受降有关的确切实物，有关负责人表示，它是否确属汉受降城还需要深入研究。

解密成吉思汗西征路线

虽然专家还没有对新忽热古城的身份作出确认，但是经过考察认定，在唐代，新忽热古城是燕然都护府所在地。成吉思汗时期，此城作为西夏的黑山威福军司，在《蒙古秘史》里被称为兀剌海城，是成吉思汗6次征伐西夏时每次都要首攻的城池。长久以来，史学界一直对成吉思汗西征路线争论不休。有一种说法是，

成吉思汗当初征伐西夏时是从现在的阿拉善地区进入，首攻城池是现在额济纳旗境内的黑水城。

此次专家经过认真细致的考古调研，参照以往的史料判断，新忽热古城北依阴山、南控河套平原，位于南北战略要道上，是重要的交通枢纽，此处才是首攻城池。而首攻城池被确定后，成吉思汗的西征路线也就得以解密，这一重要发现对于最终揭晓成吉思汗从漠北到漠南的通道起到至关重要的作用。

延 伸 阅 读

高昌古城位于新疆维吾尔自治区吐鲁番市东面40千米的三堡乡，曾是高昌王国的都城。高昌古城规模宏大，十分壮观。总面积200万平方米，是古代西域留存至今最大的故城遗址。

千岛湖下的神秘古城群

千岛湖水下的千年古城

千岛湖位于浙江省淳安县境内，是世界上岛屿最多的湖。千岛湖是新中国成立后因修水库大坝而成的人工湖，其主要源水为安徽境内的新安江及其支流，汇水来自安徽徽州的歙县、休宁、屯溪、绩溪，以及祁门和黄山区的南部。

千岛湖闻名中外，许多游客在陶醉于这片湖光山色时或许并不知晓，千岛湖的碧波之下还隐藏着两座千年古城。消失了半个

多世纪的古城能否重见天日，依然是个未解之谜……

1959年9月21日，我国第一座自行设计建造的大型水力发电站——新安江水库开始截流蓄水。不到半年的时间，库区内海拔108米以下的山岭土地，浙江、安徽两省的2个古城、3个古镇、1377个古村落先后沉入烟波浩瀚的新安江水库之中。108米以上的山峰丘陵星星点点散布在碧绿的湖面上，数一数竟有1078个之多，千岛湖由此而得名。

在被淹没的古城镇中，最著名的是淳安、遂安老城以及茶园、港口、威坪3个古镇。其中淳安和遂安两个古县城，当地人习惯称其为贺城和狮城，两座古城的历史均在1800年以上，城里的文物古迹、商铺、民居无计其数。

新安江水库筑坝蓄水之前，为了保证新安江水库航道上过往船只的安全，曾对航道经过的主要城镇乡村的高大古老建筑，包括寺庙、牌楼、书院、桥梁进行过大规模的拆迁。许多古代建筑因此毁于一旦。据当地居民回忆，新安江水库建成蓄水时，由于水势上涨的速度超过了人们的预想，遂安古城许多古代建筑来不及拆迁便被大水淹没。因此，水下的遂安古城很可能保存着许多具有较高历史文化价值的古代建筑。

水下的明朝狮城遗址

水下狮城遗址现位于距淳安县千岛湖西南湖区水域的五狮岛旁，因背靠五狮山而得名。古代狮城是江西和安徽过往浙江的交通要隘，加之这一带百里平丘，土地肥沃，自古就有"浙西小天府"之称，也是兵家必争之地。狮城城墙建于明朝，之后历代均没有对遂安城墙做大的修整。

根据史料记载，狮城由北向南一共有5座城门，每座城门之上

都建有城楼。一城五门的格局在我国的古代城镇中并不多见。这种结构，充分体现了我国古代城镇布局讲究风水环境、注重城防功能的鲜明特征。

通过水下拍摄可以得知，狮城的城墙四周大部分保持完好。城墙用条石和城砖砌成，表面平整、光滑。城墙外壁下半截多用长方形条石砌成，上半截则用烧制方砖。我们甚至可以清楚地看到砖上有浇印而成的阳文，字样也可以一一辨认清楚。

狮城北门节孝坊水下古城有一个巨大的牌坊，大概有八九米高。牌楼上工工整整地刻着牌楼主人的名字"妫水故儒姚文浚妻王氏"的字样。字体刚劲有力，字纹清晰可辨。牌楼顶部的雕刻，刀工精细，造型美观，是一块典型的节孝牌坊。

从高大的碑体和精致的雕刻来推断，牌坊的主人王氏在当时一定是一位恪守妇道、勤俭持家的妇女楷模。除了节孝牌坊，历

史上淳安地区还曾建造过许多著名的功德牌坊。

　　根据1990年编撰的《淳安县志》记载，新安江水库蓄水，淳安、遂安两县共淹没各类牌坊265座，其中遂安老城就有21座保存完好的古牌坊沉入了新安江水库湖底。在遂安北门附近，水下探险者一共发现了4座牌坊，从东向西一并排着队倒塌在狮城东大街上。与北门发现的"妫水故儒姚文浚妻王氏"节孝牌坊不同，它们属于功德类牌坊，是古代封建王朝用来显赫皇权、表彰官吏功臣和儒林学士的特殊建筑物。

　　根据国家海洋局2002年绘制的声呐扫描图的数据推测，这4座牌坊的名字应该是"盱江循良坊"、"禹门三级坊"、"科甲联登坊"、"父子传芳坊"。遗憾的是，由于碑体的高度都在八九米，有可能对水库过往船只造成航行障碍，因此在新安江水库蓄水前，它们无一逃脱被强行推倒拆除的命运。

在狮城北门附近还发现一些古城建筑遗址。从拍到的画面上看，显然是一间普普通通的两层结构的房子。虽然二层的楼顶已不复存在，但是通往二楼的木板楼梯以及一二层之间的楼板保存基本完好，清晰可辨。根据房屋的规模和所在的位置，可以判断是北门附近街道旁边的一家商铺。根据记载和当地老人们的回忆，狮城北门到县衙的北大街，全长约260米，是遂安古城的商业繁华地段，盐栈、药材、染坊、典当等各类商铺鳞次栉比，许多店号都有着生意兴隆的悠久历史。

新中国成立后，邮电局、总工会、遂安报社等均设在这一带。街道两旁的商铺多是上下两层的砖、木、石结构的厅堂式楼房，粉墙黛瓦，翘角飞檐，与皖南现存的古民居相似，端庄古

朴，韵味无穷。考古学家们还通过GPS定位系统、多波束测量系统、侧扫声呐探测等多种手段，准确测量出了城内主要建筑物、街道、文物古迹的地理位置，比如状元台、新安会馆、育婴堂、方氏宗祠等。城内23座功德牌坊中，有11座牌坊的具体位置也被逐一确定。

千岛湖水下的古城群

千岛湖水下古城的不同寻常在于它不是一个单独的古城，而是由若干个古城镇、古村落组成的水下古城群。其中除了遂安、淳安之外，港口、茶园、威坪也是历史悠久的3个著名古镇，文物古迹众多。特别是威坪，是一座具有1800年历史的古镇，遗留下了大量颇具文物及历史价值的古代建筑。

2005年，当地旅游部门发现千岛湖水底除了有狮城和贺城两

座千年古城，还有威坪、港口、茶园这3个大型古集镇，数座水下古城共同构成了一个完整的水下古建筑群。

千岛湖水下这5座较大规模的古城镇，是国内乃至世界都少有的水下古城群。虽然水下探险者上百次地潜到湖底探寻，也找到了一些历史遗迹，然而千岛湖水下古城的面积非常广阔，还有很多古城遗址尚未发现。

延 伸 阅 读

我国千岛湖水位在108米高时，面积超过2500平方米的岛屿有1078个。如果以加拿大的计算方法，我国千岛湖大小岛屿就有2000多个，比加拿大的千岛湖还多400多个。世界纪录协会采用的是中国的计算方法评定，无论何种方法计算，我国千岛湖都是名副其实的世界上岛屿最多的湖。

神秘的"大冠堡"

雄踞高地的古堡群

2007年10月，湖南省永州、新田县的大冠岭上发现了神秘的古堡群，这个古堡群内共有17个房间屋基，总面积为7000平方米。专家推测，古堡应该是某位有特殊身份的尊者所有，极有可能是因"靖难之役"丢了皇位的明建文帝朱允炆在避难的时候建造的。大冠堡位于新田县西南约20千米的大冠岭，这里海拔680多米，地处这一带山岭的最高处。这座古城堡遗址保存完整，与周边5000米范围内的其他5个"卫星城堡"一起，形成气势宏伟的古

堡群。

同年10月13日，湖南省文物局考古专家组来到大冠岭，细致考证刚刚发现的大冠堡，对大冠堡进行了仔细勘测。发现大冠堡内共有17个房间屋基，总面积7000平方米，内城墙长约340多米，城墙残高4米左右，城墙上的走道平均宽约2米。古堡城墙上开东西北3门，却无南门。

古堡内还有两个蓄水池，因山顶无水，要到山下挑水。整个城堡为手工精细的青条石砌成，青条石小的几百公斤重，大的达2000公斤。条石间用三合膏黏合。

三合膏是石灰、糯米饭、桐油为主的混合物。三合膏为确定大冠堡的建筑年代提供了重要依据。专家分析说："三合膏在明代

建筑中格外流行，而在元代以前是没有的。"据此推断出大冠堡应该始建于明代。考古专家还推断，大冠堡及其周边的5个卫星城堡规模宏大，绝非常人所建。但大冠堡的主人是谁尚待考证。

专家推断，古堡群应是古代军事防御工程，"它们雄踞高地，有些还建有炮口和蓄水池。应该积极申报成为国家文物保护单位。"文物专家曹砚农认为，大冠岭古堡群比江永的上甘棠古村落和凤凰南长城毫不逊色。

古堡主人的神秘身份

随着湖南省第三次文物普查的进行，永州、新田的"大冠堡"古堡群逐渐向世人揭开了神秘面纱。不过，正当大家感叹古堡的雄伟时，考古专家们又在新田发现了以武当山为中心的另一

处古堡群。两处古堡群彼此相邻，分布在新田西南山岭之间。湖南境内发现如此大规模的古堡群尚属首次，不少考古专家纷纷前来考察论证，试图揭开古堡的那些尘封已久的秘密。

那么，古堡群究竟为何而建？什么机构或什么人所建？什么时候所建？更为奇怪的是如此浩大的工程为什么没有载入史册或勒石记录？为什么没有在民间留下一丝的传闻？史志记载，直至1639年，即明崇祯十二年，才设立新田县。而且在新中国成立以前，新田县依旧地处偏远，人烟稀少。那么，为什么在这片人迹罕至的崇山深处，出现如此规模巨大，耗费大量人力、财力、物力，绝非当时平民百姓之力所能为的古堡群呢？对此，专家推测，古堡应是某位有特殊身份，又不能暴露身份的尊者所建。种种迹象表明，这位神秘的尊者极有可能就是因"靖难之役"丢了皇位的明朝建文帝朱允炆。

史料记载，朱允炆逃离都城南京后，只得"逊国为僧，云游四海"，曾"西游重庆，东到天台，转入祥符，侨居西粤，进入荆楚之乡"。另外，朱允炆曾从西粤转到新田武当山避难，由于他施行仁政，深得人心，在新田又有得力部属，加之这里当时地处南蛮，是理想的避难场所。

于是，朱允炆的部属在武当山四周修建了龙潭堡、牯牛岗堡、白米寨堡、石古寨堡和飞龙堡，形成拱卫之势，以保护他。为确保万无一失，又修建了以大冠堡为中心的新宅岭堡、大利堡、百万城堡、龙形堡和龙秀堡等古堡群，为他提供一个安全的避难场所。

尽管有专家猜测古堡可能是为朱允炆所建设，但就考证情况而言，这一说法并没有确凿的根据。

对此，专家分析称，大冠堡的主要建筑材料为青石，所耗石料极多，但城堡内外石山均保持了原始风貌，说明古堡建筑时并没有就地取材，而是注重保护山上的自然景观。这就使得古堡的工程更加浩大，绝非民间或匪盗所为。那么，大冠堡究竟是谁修建的呢？

延 伸 阅 读

还有学者认为，大冠堡建筑群是官府建筑或是某一位重要官人建筑，但如果是这样的话，其建筑往往会比较张扬，不会这么诡秘，并且史书或志书会有较详细的记载。但可疑的是当地的志书，对此没有一个字的记载。

张壁古堡的神秘堡主

庞大而复杂的古堡

    张壁古堡位于山西省介休市龙凤镇张壁村，张壁村又称作"张壁古堡"，位于介休盆地东南三面沟壑、一面平川的险峻地段，海拔1000多米。张壁村是融多民族文化为一体，住百家姓的

千年古村落，堪称一部厚厚的史书。

　　张壁古堡是我国现有比较完好的一座融军事、居住、生产、宗教活动为一体的，罕见的古代袖珍"城堡"，它集中了夏商古文化遗址、隋唐地道、金代墓葬、元代戏台、明清民居等许多文物古迹，特别是隋唐地道、刘武周庙、琉璃碑等为国内罕见。

　　古堡充分利用依山退避、难攻易守的地理优势，在地下建有长

达3000米，上下3层攻防兼备的古地道，在地上筑垒构筑城屯甲藏兵。整座古堡顺塬势建造，南高北低。从堡北向下俯视，左、中、右各有一条深沟向下延伸。堡南则有3条向外通道，堡西为窑湾沟，峭壁陡坡，深达数十米。堡东居高临下，有沟堑阻隔，可谓"易守难攻，退进有路"。堡墙用土夯筑而成，高约10米。

堡有南北两门，中间是一条长300米的街道。街东3条小巷，街

西4条小巷，由街中向上延伸。北堡门筑有瓮城，南堡门用石块砌成，堡门上建门楼。街道两侧有典雅的店铺和古朴的民居，几座庙宇琉璃覆顶，金碧辉煌，点缀在堡内，还有古槐和罕见的琉璃碑。到处是古迹胜景，古香古色。

古堡地下遍布地道，与堡内四通八达。地道为3层立体，高层距地面仅1米左右，中层距地面8米至10米，底层距地面17米至20米。各高2米，宽1.5米，土结构，弯曲迷离，呈网状结构。堡外北、南面沟中有洞口，既可作为进出口，又可用作为哨卡。

地道内留存有气孔，通于沟堑外，还有隔井直下3层底部。堡内现有6口水井，井筒可直接进入另一通路。地道洞壁上每隔一段有一小坑，距离不等，是放置油灯的地方。高层有喂养牲畜的木槽；中层洞壁下方每隔一段有可容两三人栖身的土洞，是地道的哨位；底层有宽2米至3米，长4米至5米的深洞，是存粮的洞穴。

如此庞大而复杂的地下工程，绝非民财民力所能及，而是军事需要、对外保密的战略设施。

张壁古堡的古代建筑

张壁古堡保留下来的古代建筑颇多，金碧辉煌，流光溢彩，大都是明清代的文物。著名的有明代空王佛行宫，建造在北门丁字门顶上，坐北向南，大殿3间，殿内塑主像为空王佛，山墙绘空王佛成佛的故事壁画。

殿顶明代三彩琉璃装饰，刀工细腻，烧制精致，形象逼真，栩栩如生。珍贵的是在行宫前廊下有两通罕见的琉璃碑，通体琉璃烧造，孔雀蓝底，黑字书写，碑额为青黄绿二龙戏珠，两边蓝黑龙纹花卉装饰图案。东侧一通记述着空王佛修炼成佛的艰苦历

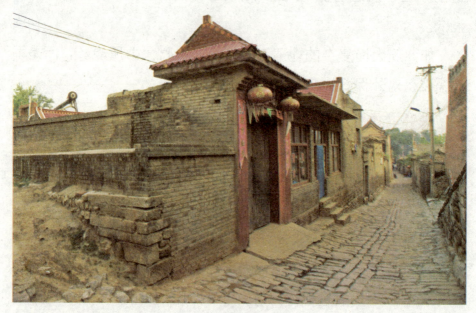

程，西侧一通记载空王行宫修建缘起。

此外，堡内还保留着真武庙、三大士殿、吕祖阁、二郎庙、关帝庙、兴隆寺、可汗王祠等古代建筑。称奇的是街中路西有一棵根深叶茂的槐抱柳，相传植于宋代，给古堡增添了情趣。

隔着黄土地，张壁古堡的地底下是另外一座让人惊叹的城堡。从西场巷一座普通民居的地道入口进入，就是一个神秘的地下世界，这里隐藏着张壁古堡的地下防御体系，也隐藏着一个个未解之谜。

走在暗道里，就像进入了一个遥远而陌生的迷宫。这里，马槽、将军窑窟、天井水井、粮仓、泄洪防堵、壁孔通讯设施和暗杀机关，均在昏黄的灯光下充满了诡异色彩。来到堡内最低处，距离地面20米左右的地方，通过正上方开凿的天井仰望外面灿烂的天色，那是一种奇妙的感觉，天空仿佛更加遥不可及了。

探讨张壁古堡的构筑者

张壁古堡的闪光点和历史文化底蕴，都在于其古堡，尤其是它的地道。此古堡历史之悠久，形制之工巧，规模之恢宏，令每一位参观者叹为观止。然而，张壁古堡构筑于何代何人及其构筑动因，迄今学界依然众说纷纭，没有定论。

有专家依据堡内有刘武周和尉迟敬德之像考证，认为张壁古堡是在唐武德二年，即公元619年开始建造的，是尉迟恭帮刘武周与李世民交战守介休时所为，是"明筑城堡、暗挖地道"时的遗物。

据《资治通鉴》记载：公元617年，隋朝将领刘武周率兵杀死太守，又派人沟通突厥，组成起义军反隋。由于攻无不克，突厥立他为"定杨可汗"，于是他就自称皇帝。隋灭之后，他又主张反唐，赐封妹夫宋金刚为宋王。宋挥兵南下，于619年攻克介休，派

偏将尉迟恭据守。第二年，宋被李世民击溃，带领随从逃往突厥。

　　尉迟恭驻守介休近一年，有时间也有必要建一个"易守难攻、退避有路"的城堡。但尉迟恭后来被说降，只好废弃地道。古堡逐渐变成了单纯的居民村落。

　　奇怪的是史书和《介休县志》各种版本都找不到构筑张壁堡的片言只语，查遍县城及有关碑碣，也无从稽考，这实属一大历史之谜。所以，尉迟恭建堡也只能说是猜测。

　　"中国历史军事地理研究第一人"靳生禾先生继解开太原市晋源区店头村窑洞地道之谜后，和他多年的搭档太原师范学院历史地理研究所教授谢鸿喜，将他们最新研究成果公布：张壁古堡是隋代汉王杨谅准备兵变时构筑的。

　　两位教授在检读文献的基础上，多次赴当地做野外考察，从军事战略学角度得出这个经得起论证的结论，同时反驳了张壁古堡成于刘武周说及出于高欢并"朔州军人"说。

靳生禾先生和谢鸿喜教授还表达了他们的看法：从古堡和地道的夯层及其土色看，成于魏晋迄隋唐的中古时代是不成问题的；从古堡特别是地道的规模、质地、工巧着眼，都显然非短期更非仓促应急施工所成。这项必出于统筹设计、有序施工的庞大工程，没有大规模人力物力集中两三年及至三四年时间紧张施工，委实是不可想象的。

而杨谅是隋文帝杨坚的第五个儿子，开皇初封汉王，任并州总管。自从开皇二十年，即公元600年、仁寿二年，到公元602年皇太子杨勇、蜀王杨秀相继获罪被废为庶人之后，杨谅忐忑不安，对隋文帝说："突厥方强，太原即为重镇，宜修武备。"隋文帝从之。张壁古堡背依高壁岭，为太原南部要塞，杨谅遂大兴土木。

　　同时，两位教授还认为古堡与村中的可汗庙没有关系，可汗庙庙主极有可能是初唐时期的突厥人突利可汗什钵苾。但是究竟最后的答案是什么，现在我们还不能预知，仍需要进一步的考证和研究。

延　伸　阅　读

　　位于山西省沁水县湘峪村的三都古堡是规模较大，保存较为良好的一座古城堡，有关专家称之为"中国北方乡村第一明代古堡"。内城墙今已不存，外城墙周长约760米，南城墙被全部掏空，修筑成窑洞式的工事，叫做藏兵洞。

"红墙包脚"的三顺堂

三顺堂的神秘古屋

在广东省东源县义合镇往东3000米处，有一个叫抚州的小村子。村子依偎着静静流淌的东江，田野纵横，屋舍俨然，显得格外恬静安然。让人惊艳的是在这个世外桃源般的小村子里，却高高耸立着一座气势恢弘的神秘古堡。

这座神秘古堡的名字叫三顺堂。它的建筑风格与一般的客家建筑有很大不同，透着许多令人不解之谜。三顺堂是一座由众多古屋组成的城堡式建筑。在高五六米的城墙中，一套院子连着一

套院子，共计有140间房、33间厅、11条廊、8座角楼。角楼与城墙连成一体，显现出方正严谨的恢宏气势。

三顺堂的正屋是一栋三进式建筑，前堂和中堂的梁柱、窗棂上，有雕刻精美的花鸟云纹，色泽鲜艳，栩栩如生。飞挑的屋檐、层叠的斗拱，都透着古建筑异于当代的优雅含蕴之美。100多间房子纵横布局，由铺着鹅卵石的巷道串联。

三顺堂古堡的四道门

三顺堂有东南西北四道门，这与传统的客家建筑格格不入。要解开这个谜，就得先了解三顺堂的历史。

据介绍，在抚州村居住的人都姓李，他们均同宗同系，村中的一本破旧族谱里，记载了这个村的来历："李道兴，任江西吉安太和县儒学教谕，元玉元十二年由江西抚州崇仁迁惠州府河源县义合，故以原籍抚州府为乡名，称为抚州，亦不忘其旧也。"

如此可见，义合抚州已有约600余年的历史。在抚州村定居后，其后人玉衍公修建了三顺堂，为防范匪患，在三顺堂四周砌上高约五六米的城墙，有8座角楼拱卫，并开设了东南西北4个门。现在，这4个门大多都已毁坏，但仍然可以找到遗址。

据村人介绍，以前古堡里的4个门每年只开一个，至于开哪个门，都要经过风水先生的测算，其他3个门常年关闭。至于当时的人为何这样做，后人已不得而知。

古堡"红墙包脚"之谜

对三顺堂，村人们引以为豪的有两样东西：一是刷在正屋慎思堂墙壁上的齐腰红漆，称之为"红墙包脚"；二是挂在正屋大门上立于咸丰二年的"诰命奉政大夫"牌匾。

在古代，红墙一度是皇家专用的颜色，民间自用者会惹上杀身之祸。从三顺堂李家族谱上查证，三顺堂并未出过真正的高官，更未出现过皇帝。那么，为何会有"红墙包脚"出现？

一位71岁的老人介绍说，根据考证，他的先人曾在清朝年间做

过两件大事：一是在土匪围攻河源县城时，先人带200乡勇，自筹钱粮前往御敌；二是大旱年间，先人开仓赈粮，救济了周围4个乡村的百姓。也许是由于这些原因，三顺堂里才可以刷上只有皇家宫殿才可粉刷的红漆，才有了"诰命奉政大夫"的御赐牌匾。

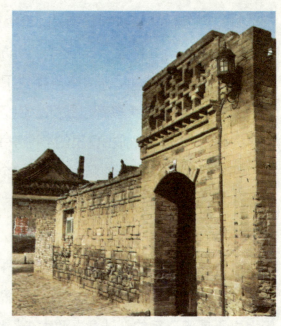

让人遗憾的是，村人视为珍宝的"诰命奉政大夫"的御赐牌匾被人偷走了，同时失窃的还有另外两块牌匾和几座房子中的精美雕梁。

延 伸 阅 读

格萨尔古堡群位于西藏自治区工布江达县的318国道旁，已有1600多年历史，是西藏自治区年代最古老、历史最悠久、古堡群最密集、结构保存最完整的古堡群。古堡均以片石、木板堆砌而成。

印度古堡的死亡之谜

接二连三的死亡事件

在印度塔尔沙漠西部的一个古老小镇的东端，矗立着一座令人毛骨悚然的"死亡之堡"。其实，这座曾结束了数百人畜生命的死亡之堡并无什么特别之处：四壁用宽大的砖石砌成，堡顶用粗大的圆木拼封，地面铺着整齐的长条状石块，东西两壁各开一扇窗子。

古堡的死亡秘密，在于它几乎能将所有深夜置身其间的人畜

置于死地，而且尸体上不见任何痕迹。没有一个在古堡待上一宿的人畜不是被抬着出来的。对此，政府唯一做的事就是在古堡大门口贴上一张告示：过往人畜切忌在此留宿！

不过，还是有许多人在这里接二连三地神秘死去。一对分属两个对立家族的年轻人倾心相爱了，这理所当然遭到所有人的谴责和反对。忠于爱情的年轻人铤而走险选择古堡幽会。月光静静地从窗口铺进古堡，小伙子靠在古堡的角落里甜蜜地等待着心上人到来。

然而，就在姑娘在踏进古堡的一瞬间，她亲眼目睹了月光下发

生的一幕，厄运已经降临在小伙子的身上。第二天人们收拾小伙子冰凉的尸体时，姑娘双目呆滞，语无伦次——她精神失常了。

于是，警察带着法医来了。法医使尽浑身解数翻来覆去检查尸体，警察将古堡掘地三尺，但最终一无所获。当晚，3名身手敏捷、枪法奇准的警察被安排守在"死亡之堡"里执行人与魔的直面较量。那个显赫的家族悲愤而固执地要警察局给他们一个说法。第三天，印度塔尔地区警察局失去了3名忠于职守的好警察。连警察都逃不过死亡的厄运！小镇上的人们再次感受到死神黑色的翅膀在头顶上盘旋，人们确信古堡通向地狱。政府除了重新张

贴"不得留宿！"的告示外还发布了一项悬赏令：凡能侦破古堡疑案捕获元凶者，奖赏10000卢比！

乔治探险队的失败行动

1923年秋天，著名英国探险家乔治·威尔斯率领他那支所向无敌的探险队向"死亡之堡"远征而来。探险队人饥马乏，粮食已颗粒无剩，金银货币也行将耗尽。乔治写了一封信准备寄给远在英国剑桥大学的好友，告诉他自己急需填饱肚子，急需一笔经费。在苏赫大叔的酒店里，乔治一口气把悬赏10000卢比的政府布告一字不漏地读了12遍。作为探险家，乔治当然不会贸然行事以致白白送死。

乔治探险队对古堡做了细致入微的勘查和精心周到的准备，他把古堡四周50米范围以内的细沙抹平，以便记录可能留下的痕迹；把窗子下的沙地翻松，确保紧急关头队员们越窗而下时足够安全；检查每个队员的枪支弹药，保证关键时刻不出机械故障；每人的位置都选在靠近门窗，但不从门窗里露出身体。乔治分析，如果堡顶和墙壁足够牢固的话，门窗是杀手唯一的出入口，并依此计算好射击角度。乔治没忘记从镇上牵来一只狗，他明白狗比最敏锐的人还要敏锐。

　　按照惯例，苏赫大叔给乔治和他的探险队提供了一顿第二天付费的丰盛晚餐。探险家在那封寄往剑桥大学的信中加上了印度塔尔沙漠"死亡之堡"的故事，并热情洋溢地告诉他的好友，乔治·威尔斯这一名字将取代"死亡之堡"而矗立在小镇人们的心里，随着明天太阳的升起他将得到10000万卢比的奖赏！他把信封

好交给邮差。夜幕降临，镇上的人们退出"死亡之堡"，退回各自家里谛听着古堡方向的动静。夜半，古堡传来两阵凄惨而短促的狗叫。太阳重新升起来的时候，人们怀着兴奋和不安，推开了古堡那扇厚重的大门。探险家和他的伙伴们倚墙而坐，凝固着昨晚的姿态。这个充满着神奇的世界，永远失去了一位杰出的探险家和一支优秀的探险队。

揭开古堡的死亡之谜

数月之后，苏赫大叔的小酒店里来了一个乞丐模样的老头，他干瘪得酷似生物实验里那些风干的标本。

瘦老头骑一匹瘦马，驮一只铁箱，牵一只瘦猴。人们逗他取乐，踢那硕大的铁皮箱，箱子里除了一张网就再也没什么了。瘦老头自称是来揭开古堡之谜的。

　　人们鄙夷地打量着他。苏赫大叔明白，又一个付不起饭钱的人想借此混顿饱饭。但仁慈的苏赫大叔还是让瘦老头饱餐了一顿。吃完饭，瘦老头认真地表示第二天太阳升起来的时候他会用政府的赏金来付饭钱的。

　　瘦老头请人帮他把铁箱搬进古堡，表示第二天用赏金加倍付钱。可谁也不忍心把一个可怜的乞丐推进"死亡之堡"，老头只好自己动手用那匹瘦马驮铁箱。

第二天，太阳升起的时候，几个年轻人抬着那块抬过无数尸体的木板向古堡挪去。

这时，一个瘦小干瘪的身影幽灵般出现在古堡的窗口。年轻人吓得拔腿想跑，但挪不开脚步。

"幽灵"高声喊叫："哎——小伙子们，别怕，是我!"

人们惊呆了，他们从来没有这样吃惊过，那个干尸般的瘦老头竟然活着。瘦老头把一个个鸟状的东西从窗口投下。那是一只只死了的红蝙蝠。

原来，在古堡顶的圆木层上生活着一群昼伏夜出的吸血红蝙蝠，这些吸血红蝙蝠长着一根极细的长针，它们能在人畜来不及

反应的一刹那将长针刺进人畜的大脑并分泌出一种麻醉汁，致人畜昏迷。本来这种红蝙蝠像世界各地的吸血红蝙蝠一样靠吸食动物血液维持生命，但生活在塔尔古堡的它们竟发生了变异，干起了吸食人畜脑髓的罪恶勾当。

虽然它们把无数人畜制成了干尸，但它们最终未能逃脱瘦老头为它们布下的网。瘦老头在古堡里布好那张大网，把猴子拴在网下，自己则躲进铁箱子里，通过铁箱上的小孔观察外面的情况并控制操作绳。

　　这个乞丐般的瘦老头是谁呢？还记得探险家遇难前寄出的那封信吗？瘦老头就是那位收信人，探险家乔治生前的好友，英国剑桥大学著名生物学家。他从事红蝙蝠研究长达20多年，我们现在知道的有关红蝙蝠的知识大都署着他的名字，他就是汤恩·唯尔。

延　伸　阅　读

　　红蝙蝠就是吸血蝠，是名副其实的以血为食的类群，分布在美洲中部和南部，体型小，最大体重不超过30克至40克。吸血蝠的拇指特长而强，后肢也强大，能在地上迅速跑动，甚至能短距离跳跃。它们在天黑之后才开始活动，每晚定时觅食。

毁于"核爆炸"的古城

先进的城市规划和排水系统

位于印度河流域的马享佐达摩建于4500年前，城市建设经过事先的规划、设计，布局严整，呈长方形棋盘格状。市区有四通八达的街道，东西走向和南北走向各宽2.4米和3米，居民住房家家有井和庭院，房屋的建材是烧制过的砖块，室内有管道设备。当然，最令考古学家惊异的还是遗址完整的排水系统。马享佐达

摩古城遗址由两部分构成：西侧的城堡和东侧的广大市街区。城堡建筑在高达3米的地基上，城堡内有砖砌的大型谷仓和被称为"大浴池"的净身用建筑。大浴池是用质量上乘的砖砌成的，长12米，深2.4米，有多条排水道，无论按照什么标准，都算是一个大型公共设施。

室内管道设备直至20世纪才在现代社会出现，而城市规划也是最近数十年才得到应用。然而，这一切却都能在马享佐达摩古城遗址找到。这一古老文明是如何在曲线图出现前数千年创造这一复杂的城市，所有的一切又是出自何人的规划？

印度河是世界上最长的河流之一，也是人类文明的一个发源地。从19世纪开始，人们在印度河畔的旁遮普省一带，陆续发现了东西长1600千米，南北长1400千米属同一文明的大量遗址，其涵盖范围之广在世界上也是独一无二的，这就是所谓的印度河文明。其中最著名的是两座古城遗址，即哈拉巴和马享佐达摩。据最保守的估计，这两座古城距今最少有5000多年的历史，但在印度的早期历史中没有这两座古城的记载，所以更多的人认为，它们的历史也许比猜想的还要古老得多。

　　在城市建筑的挖掘中，考古学家根本找不到神殿和宫殿，这

与世界上目前所挖掘的古城遗址都不相同，似乎这些城市根本没有统治者和贫富分化，马享佐达摩城的居民住宅建筑更证实了这点，所有住房都是由砖建成。

从格局规模来看基本差不多，马享佐达摩城的卫生设施令考古学家吃惊不已，其完善的程度即使如今的现代化城市也未必能达到。每一家都有一个从楼上倾倒垃圾的通道，设在二楼的厕所也有一条专门的管道通入地下，然后经过一个沉淀槽流入排水系统。这套地下排水系统密如蛛网，完全可以和巴黎的地下排水工程相媲美。

马享佐达摩古城毁于核爆炸

考古学家在哈拉巴城发现了大量印章，上面刻有奇怪的文字，与印度发现的任何一种文字都不相同，目前还没有人能够解读这些文字。更奇怪的是，考古学家通过对这里发现的人体骨骼的鉴定断言：这里发现的人种在世界上是不存在的，这个人种混合了世界诸多人种的要素。

在马享佐达摩城里出土了大量遗骨，有的在街道上，更多的人在居室里。在一个比较大的废墟里发现了成排倒地死去的人们，有些遗体用双手盖住脸，好像在保护自己，又好像看见了什么可怕的事情。可以肯定，所以的人都是在突然状态下死去的。这座古城当时一定发生了某个巨大的异常事变，是什么呢？ 印度考古学家卡哈对出土的人骨进行了详细的化学分析后说："我在9具白骨中均发现了高温加热的痕迹。"这说明古城的居民死亡与突然出现的高温有关。马享佐达摩城的毁灭和《圣经》里所多玛城和蛾摩拉城的毁灭有相似之处，都是突然间被与高温有关的东西摧毁的。

人们在马享佐达摩还发现在许多坍塌的建筑物上有承受过某种高温的痕迹，人们甚至发现一些"玻璃建筑"——托立提尼物质。这种物质的形成是由于瞬间高温溶化了物体表面然后又迅速冷却造成的。至今人们只在热核武器爆炸现场发现过这些人为的物质。一切证据都在说明：这里曾发生过热核爆炸！

《摩诃波罗多》是古印度的一部伟大的梵语史诗，汇集了许多谈论历史和神话的长篇叙事诗。有许多资料非常精确，令人觉得作者是依据第一手材料来撰写这部叙事诗的。

作者怀着十分厌恶的心情描写神的一种武器，能把所有身着

盔甲的武士全部杀死。过后那些幸存者必须把身上的衣服脱掉跳进河里，把浑身上下以及他们接触过的东西全部清洗干净。作者解释说，因为这种武器能使头发和指甲脱落。他悲叹道，一切生物一碰上这种武器就会变得憔悴孱弱。

在同一卷里，有一段也许是最早的关于投放氢弹的记述，说到古尔迦从一架威力无比的维摩拿，即飞车上往三角城扔下一枚炸弹。文中所使用的字眼犹如摘自比基尼岛第一枚氢弹爆炸的现场记录：炽热的烟雾，高强度比太阳强1000倍，腾空而起迸发出无比耀眼的光芒，把城市化为灰烬，其威力之大足以把胎儿扼杀于母

腹之中。在印度，这种武器被叫做"婆罗门的武器"或"雷神的火焰"，在南美被叫做"马修玛丽"，在凯尔特人的神话里则被称为"闪电弹"。在凯尔特人的神话里，这种闪电弹根据爆炸时能够杀伤的人数，而有不同的名称。能杀100人的叫"百人弹"，能杀500人的叫"五百人弹"，能杀1000人的叫"千人弹"。

在另外一部叫《拉马亚那》的叙事诗中描写了几十万大军瞬间被化为灰烬的情景，诗中说当时这些军队是在兰卡被毁灭的，而兰卡正是印度人对马享佐达摩古城的称呼，这更加证明马享佐达摩是被毁于一场大爆炸之中。

在印度远古文献中，有"卡尔帕"的概念，它相当于42.32亿年。又有"卡希达"的概念，它相当于1亿分之3秒。这两个时间概念曾使很多研究者摸不着头脑，然而核物理学家明白，在自然界中，要用亿年或百分之几秒的时间来量度的，只有放射性同位素的分解率。

既然古印度人掌握了这些概念，那么他们就应该拥有量度核物质和次核物质的技术，进而说明他们能制造核武器。因而可以相信人类曾有过若干次文明，并且已熟知原子能，由于对原子技术的误用导致了文明的毁灭。

毁于核爆炸的世界各地建筑

目前在世界各地都可以找出关于史前核大战的证据，如秘鲁发现了一座石壁上的岩石呈现玻璃化状，这需要极高的温度才能造成，而这座古壁附近没有任何陨石坑，可以肯定不是陨石所造成

的。经过考古判断，哈特萨古城是因为受到原因不明的异常高温而毁灭的。

在古巴比伦王国的遗址，有一座至今仍有46米高的古塔废墟，许多考古学家发现这座塔上也有人工造成的高温痕迹。1928年，有两位德国矿工在巴西发现了一座乌黑光滑的玻璃山，是典型的托立提尼物质。科学家们认为，能在瞬间形成这么高的温度，在地球上也只有热核武器的爆炸具有此能力。

虽然印度河上游的哈拉巴遗址和印度河下游的马享佐达摩遗址相距600千米，但出土文物非常近似，经印度考古学家对该地为数众多的出土物进行放射性碳-14测定，得知这个印度古文明应该开始于公元前2500年，并且在公元前1500年消失。目前该地区一片荒芜，寸草不生，鸟兽绝迹。

延 伸 阅 读

哈特拉古城，位于伊拉克西北部的尼尼微省摩苏尔市。哈特拉城约建于公元前2世纪，当地居民崇奉太阳神，因此哈特拉城也曾被称为"太阳城"。城市中心建有太阳庙，庙门正面饰有美杜莎的石雕头像。哈特拉古城呈圆形，环城建有双层城墙，城墙上还建有城堡和塔楼。

失落的马丘比丘古城

神秘的马丘比丘古城

马丘比丘位于秘鲁境内安第斯山脉，被称作印加帝国的"失落之城"。"马丘比丘"在印加语中意为"古老的山巅"。

这座古城海拔2280米，两侧都有高约600米的悬崖，峭壁下则是日夜奔流的乌鲁班巴河。由于其圣洁、神秘、虔诚的氛围，马丘比丘被列入全球十大怀古圣地名单。

马丘比丘是个石头城，古城街道狭窄，整齐有序，宫殿、寺院、作坊、堡垒等各有特色。无论农业区、城市区还是太阳庙，每个建筑都由巨石垒砌而成，每块石头都打磨得非常光滑。

石块与石块之间没有任何黏合剂，却一点儿缝隙也没有，甚至连薄薄的刀片都插不进去。这些石头中，有的重量不下200吨，其中一块石头有33个角，每个角都跟毗邻的石头上的角紧密结合。

城中最著名的是"拴日石"，它是一块精心雕刻过的怪异巨

石，据说是印加人在每年冬至的太阳节时，为祈祷太阳重新回来，会象征性地把太阳拴在巨石上。印加人崇拜太阳，太阳神是他们最重要的神灵，印加王都自称为"太阳之子"。不过这些太阳的子民为何遗弃了他们的拴日石却不得而知。

马丘比丘曾是一座极其繁盛的城市。兴起于12世纪，印加帝国统治者帕查库特克·印加·尤潘基大约在1450年整体建造了该城。它虽然地形险峻，却有完善的灌溉系统，城内规划井然，宗教、军事、居民各占一隅，城中处处透出星辰历法的玄机，窗户都指向夏

至和冬至的日出方向，这是科技落后时代的建筑奇迹。

16世纪时，西班牙趁印加帝国内乱之机，侵略了这个统治南美约百个民族的国家，但马丘比丘却因天然的遮蔽而躲过了一次次冲击。但在1532年，西班牙殖民者入侵秘鲁最终还是占领了马丘比丘城。不过后来，这里被西班牙人遗弃，而彻底荒废了300余年。

发现马丘比丘古城

1911年，美国耶鲁大学考古学家宾汉姆在寻找"消失的印加城市"时偶然发现了完全掩盖在一片厚厚热带森林之下的马丘比丘古城遗址。宾汉姆曾说："我所知的世界上，再没有地方能和这儿的景色和吸引力相比……这儿有云雾缭绕的高大雪峰、奔腾咆哮的急流，婀娜多姿的巨大花岗岩壁傲然屹立在数千尺上。"

此后，随着马丘比丘逐步被外界发现，古城开始向现代社会透射出它曾经辉煌的帝国文明。1981年，马丘比丘被列为秘鲁的

"历史保护区"。这个地区不仅包括遗迹本身，还包括附近的地貌和动植物群，尤其是当地盛产的兰花。

马丘比丘的建造用途

对于马丘比丘古城为何而建这个问题，一直以来众说纷纭，大致有以下几种说法：

有的考古学家认为马丘比丘是印加的"最后避难所"。这一观点是宾汉姆在1911年提出的，他认为马丘比丘是印加社会的诞生地，当时宾汉姆在当地农民的带领下来到马丘比丘。

宾汉姆随后又修改了这一理论，指出马丘比丘是传说中的"迷失之城"维尔卡巴姆巴·拉·维加，最后的印加统治者于16世纪在这里与西班牙征服者爆发旷日持久的战争。

然而，宾汉姆的这两项理论最后都被证实是错误的。考古学家已经发现真正的"最后避难所"坐落于伊斯皮里图大草原。这

片丛林位于印加首都库斯科西部大约120多千米处。

宾汉姆还认为马丘比丘是一个神圣的女修道院。他指出马丘比丘可能是献给太阳贞女的一座神庙，而贞女是献给太阳神印缇的圣女。这一理论主要基于宾汉姆的研究小组在这一地区发现的数十具地下骨骼，当时按照骨骼的大小简单地被认作均为女性。

但是在2000年，宾汉姆的这个理论又被推翻，当时就职于耶鲁大学的沃拉诺对骨骼遗骸进行了分析，结果发现女性和男性的比例各占一半左右。

有学者则认为马丘比丘是一个皇室静居之所，即是15世纪印加皇帝帕查库提时期的皇室静居之所，供其及皇室成员休息、狩

猎和款待宾客使用。利马考古学家吉尔莫·科克表示，古城供帕查库提时期的皇室成员一年之中可能在这里逗留几天、几周甚至几个月。

这一"皇室房产"理论于20世纪80年代首次提出，主要基于16世纪的一份西班牙文献资料，上面提到的一处皇室房产被称之为"比丘"，所处地区与马丘比丘相同。

还有一些学者认为，印加人建造马丘比丘拥有更深层次的精神上的目的，因为马丘比丘再现了印加的创世神话。意大利米兰综合理工学院天体物理学家吉乌里奥·马格利2009年进行的研究发现，马丘比丘是印加宗教神话中一个虚构地带的缩小版。

    马格利指出，马丘比丘是一个圣地，朝拜者能够在这里体验他们的祖先经历的一次艰难旅途。这段旅途从玻利维亚的提卡湖开始，而后进入地下，最后在库斯科附近的一个地区结束。

    另外一些学者认为建造马丘比丘旨在向一个圣地致敬。考古学家和人类学家乔翰·莱恩哈德在1991年的著作《马丘比丘：探索古代圣地》中提出，马丘比丘坐落于印加的一个神圣之地。马丘比丘所在的高山几乎完全被乌鲁巴姆巴河环绕。这条河在印加语中名为"维尔卡玛约"，意为圣河。

    莱恩哈德认为在马丘比丘特定地区看到的日出日落能够与夏冬至和昼夜平分点联系在一起，说明这座山在宗教上具有重要意义。印加人认为太阳是他们的神圣祖先，而在这里，印加人首次将宇宙与安第斯山脉圣地联系在了一起，将地球与天空结合在了一起。绝大多数有关马丘比丘的理论都强调，无论是具有实际用途还是精神方面的用途，两者之间并不冲突。

虽然以上观点各有各的证据，但是这一切都只是推测，而最终的答案，还需进一步的探索和考证。

马丘比丘的建造工艺

印加古城的建筑，全用巨石建成，见不到灰浆的痕迹，在那个荒蛮的时代，达到如此的工艺水平是一个谜。古印加人从哪里，又是用什么方法搬来了这些巨石材料？在崎岖狭窄而危险的山脊上，把巨石运到山巅几乎没有可能。

有秘鲁科学家认为，印加人并没有在悬崖峭壁上搬运巨石，而是在山巅就地取材的。他们在选定的山巅就地采集岩石制作砌块，在山顶开出了一片90000余平方米的开阔平地，垒筑古城。然后把剩余的石块、碎砾全部扔下了山崖，最终在山巅留下了这座

奇迹般的古城。

　　关于这座印加古城未解的谜团还有很多，比如居民为什么会消失？遗留的100多具头骨和随后发现的木乃伊带来什么样的古文明信息？总之，马丘比丘充满了无穷的吸引力召唤着人们去探索。

延　伸　阅　读

　　马丘比丘是保存完好的前哥伦布时期的印加遗迹，是南美洲最重要的考古发掘中心，也因此是秘鲁最受欢迎的旅游景点。在1983年，马丘比丘被联合国教科文组织定为世界遗产，是世界上为数不多的文化与自然双重遗产之一。

土耳其的地下古城

发现地下古城

　　1963年，卡帕多奇亚高原上的代林库尤村爆出一条大新闻：一个农民掘地时，在他家院子底下偶然碰到一个洞口。刚开始，这个农民望着这个深不可测的像井一样的入口，说什么也不敢下去。后来，在村民的帮助下，他沿着梯子进了这个洞口，竟发现了一处巨大的地下城。

从后来的有关人员挖掘来看，这座地下城规模宏大，共有1200间石头小房子，可居住15000人。上下共分8层，其迂回曲折的走廊又低又窄，人在里面必须弯腰行走。通往地下城的通道隐藏在村子各处的房屋下面。这些古城从地面往下层层叠叠，深达数十米，纵横交错。

古城的建造时间

对于卡帕多奇亚地区的"地下城"是何时开始修建及为何而建，一直以来众说纷纭，莫衷一是。据有关报道，近年来，考古学家已经在地下城最底下的一层中，发现了闪米特时代的器物。闪米特族是一支古老的神权民族，大约在公元前1800年至公元前1000年在这里生活过，其都城哈图沙离代林库尤大约有300千米。

人们据此判断，这些地下城早在赫梯人以前的时代就已经存在了。有人甚至认为它的建造可以追溯至新石器时代，因为人们早已在卡帕多奇亚西南发现了新石器时代用来制造石斧、石刀的黑曜石石场，而在卡帕多奇亚不远处就有9000年前的人类古城遗址。也就是说，持这种观点的人认为，这些地下城建造于3000年前。

纵横交错的地下城

走进地下城，到处都是洞，房间之间有很多的"窗户"，小路绕来绕去，上上下下的路有好几层，必须要顺着墙上的箭头才不至于迷路。一路上，到处都是穴居生活的痕迹，储存油、酒和水的罐子，挤压葡萄的水槽，油烟熏黑的公共厨房，牛棚马圈和深的不可思议的井……据了解，每一座地下城都代表一个大的社区，保证安全是地下城的最高准则，炊烟容易暴露行踪，因此数个家庭共用一个厨房。

地下城的通风设施设计很完美，在地下城中心有通气孔与地面相连，通风道在地下城密如蛛网，其两壁人工开凿的凿痕清晰可见。据勘测，从地面通风口算起，最深的地下通风井竟达80多米。地下通道每一层的入口都用一块巨石门堵住，里面的住户则可以通过地道在各层之间自由出入而不被人发觉。这种石门为圆盘形，直径约1.5米。石门的石质非常坚硬，并非当地所产的凝灰石。

在地下城内，人工开凿的石梯随处可见，每层之间都以石梯相

连。地下城的古代居民很注意相互传递信息，墙上凿有通话孔。这里甚至还有学校，教室中间的讲台及两排课桌都是以原石凿成。

据介绍，在代林库尤村发现第一个地下城的两年之后，同样规模的另一个地下迷宫在凯梅克里附近被发掘，有一条长10000米的地道连接着这两个地下城镇。更令人惊异的是，在以后的10年中，有关人员在这里发现的地下城已达36座，而且，目前发现的所有地下城相互之间都能通过地道连接在一起。

现在人们已绘制出这些地下城的俯视图，仅仅在代林库尤的地下城，就有52口通风井和无数条小型通道。更令人感叹的是，还有许多山中地下的教堂和房屋因地震引起的洞口坍塌尚未被挖掘。因此，地下城的数量可能远不止这36座，其总数可能达到100座之多。据说，目前来这里徒步旅行的人们越来越多，大家甚至还抱有一个目标——发现新的地下城。

延 伸 阅 读

埃及地下城：埃及政府文化部宣布，一支奥地利考古队利用雷达扫描技术，在埃及东北部发现一座距今约3500年的地下古城。埃及文化部长法鲁克·胡斯尼说，在东部省特拉都拔地区发现的这座古城很可能是古埃及第二中间期，即约公元前17世纪至公元前16世纪，希克索斯王朝首都阿瓦利斯的一部分。